mandelbaum *verlag*

Renata Schmidtkunz
Im Gespräch
Ruth Klüger

mandelbaum *verlag*

www.mandelbaum.at

ISBN 978-3-85476-284-3
© Mandelbaum Verlag Wien 2008
Alle Rechte vorbehalten
1. Auflage 2008

In Zusammenarbeit
mit

Lektorat: ERHARD WALDNER
Transkription: LJUBA ARNAUTOVIC
Satz und Umschlaggestaltung: MICHAEL BAICULESCU
Titelbild: ASSOCIATED PRESS
Druck: INTERPRESS, BUDAPEST

Vorwort

»Ich komm' nicht von Auschwitz her, ich stamm' aus Wien.«
Und:
»Für eine, die wie ich zurückkehrt, bleibt es die Stadt der Vertreibung.«
Und:
»Wien ist und bleibt für mich ein ›unfinished business‹.«

Geboren wurde Ruth Klüger am 30. Oktober 1931 in Wien. Als Kind von Viktor und Alma Klüger. Der Vater war Frauenarzt, ordinierte im 7. Wiener Gemeindebezirk in einem Haus Ecke Lindengasse/Neubaugasse. Heute befindet sich genau gegenüber des ehemaligen Klüger'schen Elternhauses das Lokal »Maschu, maschu«. Das ist Hebräisch und heißt so viel wie »etwas Besonderes«. Der Besitzer ist Israeli, die dargebotenen Speisen kommen aus dem Nahen Osten. Wer hätte das gedacht?
Den Staat Israel gab es damals noch nicht, als Ruth Klüger ein Kind war. Der Vater war ein Zionist, Mitglied einer – schlagenden! – jüdischen Verbindung, und stand als junger Mann auch an

Theodor Herzls Grab auf dem Wiener Zentralfriedhof Wache. Man war integriert in die Wiener Gesellschaft. Und sozialdemokratisch. Denn im Wien der sogenannten Zwischenkriegszeit gab es für politisch interessierte Juden keine Alternative zur Sozialdemokratie. Die Eltern gingen gerne in die Oper und ins Theater. Eine ganz normale Familie des gehobenen Wiener Mittelstandes. Auch nicht ausgeprägt religiös.

Einen Halbbruder hatte Ruth Klüger noch, der Sohn der Mutter aus erster Ehe. Schorschi, der große Bruder, lebte mit der Familie in Wien. Als er einmal zu seinem Vater nach Prag auf Sommerfrische fuhr, ließ ihn dieser nicht mehr nach Wien zurückkehren. Im Alter von 17 Jahren wurde Schorschi von den Nationalsozialisten ermordet. Mehr als 50 Jahre nach seinem Tod ließ sich Ruth Klüger ihre KZ-Nummer, A-3537, die sie als verpflichtende Erinnerung an Schorschi getragen hatte, in einer Schönheitsklinik in Kalifornien entfernen.

An den Tag des »Anschlusses« kann sich Ruth Klüger gut erinnern. Sie hatte damals Halsweh und lag im Bett. Ihr Zimmer ging hinaus auf die Neubaugasse, von der das Gegröle der Nazi-Anhänger heraufdröhnte. Die Kinderfrau brachte ihr einen heißen Tee. Und am nächsten Tag ging

Ruth an der Hand des Vaters die Mariahilfer Straße entlang, damals wie heute Wiens größte Einkaufsstraße. Die Auslagen der jüdischen Geschäfte waren eingeschlagen, überall lagen Glassplitter.

Kurz nach dem »Anschluss« floh der Vater: zunächst nach Italien und von dort nach Frankreich. Oft hat sich Klüger gefragt, warum er sie und die Mutter nicht mitnahm. Erst Jahre später erklärte ihr ein Verwandter, der Vater hätte wohl nie daran gedacht, dass Frauen und Kinder in Gefahr sein könnten. Viktor Klügers Spuren verlieren sich in einem Vernichtungslager im Baltikum.

In ihren 1992 erschienenen Erinnerungen »Weiter leben. Eine Jugend« schreibt Ruth Klüger über ihre Kindheit in Wien: »Wien ist Weltstadt, von Wien hat jeder sein Bild. Mir ist die Stadt weder fremd noch vertraut, was wiederum umgekehrt bedeutet, dass sie mir beides ist, also heimlich unheimlich. Freudlos war sie halt und kinderfeindlich. Bis ins Mark hinein judenkinderfeindlich.«

Ihre erste Fahrt mit dem berühmten Wiener Riesenrad im Prater machte Ruth Klüger im Sommer 2003. Als Kind, sagte sie mir, während wir auf unsere Kabine warteten, war ihr das nicht möglich. Denn nach dem »Anschluss« – und da war sie sechs Jahre alt – konnten sich jüdische Kinder in Wien nicht mehr frei bewegen. Ruth musste ihre Volksschule in der Zieglergasse verlassen. Es begann eine Odyssee von einer Judenklasse und Judenschule zur nächsten.

»Da habe ich nichts gelernt«, stellt sie trocken fest. Aber dass sie Jüdin ist, das hat sie in diesen Jahren gelernt.

Die Jahre bis zur Deportation nach Theresienstadt im Jahr 1942 verbrachte sie im Dunkeln und alleine, lesend. Die letzte Station vor der Deportation war eine Sammelwohnung in der Lichtensteinstraße im 9. Wiener Gemeindebezirk. Als ich sie während der Dreharbeiten für den Film »Ich komm' nicht von Auschwitz her, ich stamm' aus Wien – Ruth Klüger im Portrait« in dieses Haus brachte, machte sie beim Eingang kehrt und sagte nur: »Nein, nein, lass uns gehen. Ich will das nicht sehen.«

»Ich habe Theresienstadt gehasst, ich habe Theresienstadt geliebt«, schreibt sie in »Weiter leben. Eine Jugend«. »Und die neunzehn oder zwanzig Monate, die ich dort verbrachte, haben ein soziales Wesen aus mir gemacht, die ich vorher in mich versponnen, abgeschottet, verklemmt und vielleicht auch unansprechbar geworden war. In Wien hatte ich Ticks, Symptome von Zwangsneurosen, die überwand ich in Theresienstadt, durch Kontakte, Freundschaften, Gespräche.« Und das meint sie keineswegs euphemistisch.

Nach Theresienstadt folgte Auschwitz-Birkenau. Appelle in glühender Hitze und bitterer Kälte, die sie aushielt, weil sie sich im Stillen »Die Glocke« von Schiller und andere Gedichte der deutschen Literatur aufsagte. Das letzte Lager, das sie mit ihrer Mutter überlebte, war Christianstadt, ein Außenlager von Groß-Rosen. Von dort gelang ihr und der Mutter im Februar 1945 die Flucht. Straubing in Bayern, Teil des amerikanischen Sektors, wurde der Ausgangspunkt für die Ausreise in die USA im Jahr 1947.

In New York besucht sie das Hunter College, eine Mädchenschule. Sie studiert Bibliothekswissenschaften und geht an die University of California nach Berkeley. Dort lernt sie den Geschichte-Studenten Tom Angress kennen, einen Juden aus Berlin, der während des Zweiten Weltkrieges als Soldat in den US-Streitkräften gedient hat. Die Tatsache, dass Angress gegen Hitler-Deutschland gekämpft hat, führt die beiden zusammen. 1952 heiratet Ruth Klüger Tom Angress. Aus dieser Ehe, die nie glücklich war, gehen zwei Söhne hervor: Percy und Dan. Nach kaum zehn Jahren kommt die Scheidung. Ruth Klüger nimmt ihre

Studien wieder auf, schreibt 1967 ihre Dissertation und unterrichtet von 1966 bis 1970 an der Universität von Cleveland/Ohio. Dort erlebt sie auch die Jahre des »civil rights movement« mit, dann den Beginn der Frauenbewegung.

»Ich war als Germanistin in ganz Amerika tätig, doch am Ende bin ich am ehesten in Kalifornien verankert, wo ich den Großteil meines Lebens verbracht habe«, schreibt Klüger in ihrer 2008 erschienenen Biografie »Unterwegs verloren. Erinnerungen«. Von 1980 bis 1986 lehrt sie an der Princeton University und danach wird sie Ordinaria für Germanistik an der University of California in der Stadt Irvine. Jahrelang gibt sie die vierteljährliche amerikanische Literaturzeitschrift *German Quarterly* heraus.

Ende der 1980er Jahre kommt sie nach Göttingen, als Studienleiterin des deutsch-amerikanischen Austauschprogramms der University of California. Um diese Stelle hat sie sich jahrelang bemüht. »Ich war wie gebannt von diesem Ort. ... (ich) ... wollte dort meine deutsche Vergangenheit so gut es ging entwirren. Die Stadt wurde mein Torweg zum Land«, so Klüger in »Unterwegs verloren«. Später, nach dem Ende des Austauschprogramms, bietet man ihr eine halbjährliche Gastprofessur an, während sie weiterhin Pro-

fessorin an der UC in Irvine ist. In der Zeit als Leiterin des Austauschprogramms beginnt sie, »Weiter leben. Eine Jugend« zu schreiben. Als das Werk 1992 auf dem deutschen Buchmarkt erscheint, wird es sofort ein großer Erfolg. Ruth Klüger nennt das ihren »späten Ruhm«: »Weder mein Verlag noch ich hatten jedoch damit gerechnet, dass der eigentliche Höhepunkt noch bevorstand, mit der ausführlichen, uneingeschränkten Empfehlung im Literarischen Quartett im nächsten Jahr: Daraufhin war das Buch ständig ausverkauft und zu Weihnachten 1993 waren nicht genug Exemplare in den Buchhandlungen zu haben. Ich hatte einen Bestseller geschrieben.«
Ruth Klüger war damals 61 Jahre alt. Seither ist sie gefragt: als Vortragende – sie ist Kleist-Spezialistin und hat viel über das Thema »Frauen und Literatur« gearbeitet –, als Zeitzeugin ohne Pathos, als Diskussionsteilnehmerin, als Analytikerin von Welt, Gesellschaft, Mensch. Eine Auszeichnung reiht sich an die nächste, darunter der »Österreichische Staatspreis für Literaturkritik«, der »Thomas Mann-Preis«, der »Bruno-Kreisky-Preis für das politische Buch«, die »Goethe-Medaille« und der »Lessing-Preis des Freistaates Sachsen« sowie die Ehrendoktorwürde der Georg-August-Universität in Göttingen. Zuletzt, im Jahr

2008, bekommt sie das Bundesverdienstkreuz erster Klasse der Republik Österreich.

Das nun folgende Gespräch mit der Literaturwissenschaftlerin Ruth Klüger führte ich im März 2000 für die Sendereihe »Im Gespräch« des Österreichischen Rundfunks. Die Angelobung der schwarz-blauen Regierung unter Bundeskanzler Wolfgang Schüssel hatte fünf Wochen vorher stattgefunden. Die Beteiligung der rechtspopulistischen »Freiheitlichen Partei Österreichs«, deren politische Äußerungen von ausländerfeindlichen Bemerkungen und antisemitischen Tönen gekennzeichnet waren, sorgte damals nicht nur in Österreich, sondern auch im Rest Europas und in den USA für Aufregung. Wie viele andere Menschen machte sich Ruth Klüger Gedanken über den Zustand der österreichischen Demokratie.

Im Gespräch

Renata Schmidtkunz:
Frau Klüger, Sie schreiben in Ihrer 1992 erschienenen Biografie »Weiter leben. Eine Jugend«: »Auch von mir melden die Leute, die etwas Wichtiges über mich aussagen wollen, ich sei in Auschwitz gewesen. Aber so einfach ist das nicht. Denn was immer ihr denken mögt: Ich komm' nicht von Auschwitz her, ich stamm' aus Wien.«

Ruth Klüger:
Ich schreibe dann gleich danach: »Auschwitz war nur ein schrecklicher Zufall in meinem Leben.« Wenn man als Gegensatz zu »Zufall« das Wort »Schicksal« nehmen will, dann könnte man sagen, Wien ist schon eher Schicksal – das heißt: etwas, das einen geprägt hat und das man nie abschütteln kann, nämlich die frühe Kindheit. Und die ist in der Erinnerung – zwar ziemlich negativ, ich habe keine guten Erinnerungen an Wien; aber andererseits ist es eben die Stadt, in der ich reden, lesen und schreiben und hören gelernt habe. Und das ist im Grund alles, was man zu einem geistigen Leben braucht. In dem Sinn kann ich nicht

umhin zu sagen, dass ich Wienerin geblieben bin.

Ich sage das manchmal zähneknirschend, manchmal lachend. Manchmal ist es mir recht und manchmal nicht. Aber: Ohne Auschwitz hätte ich sehr, sehr gut auskommen können und wäre noch immer dieselbe. Ohne Wien wäre ich eine andere.

R.S.
Was genau sind Ihre Erinnerungen an Wien? Denn Sie sagen, es seien eher schlechte Erinnerungen.

R.K.
Naja, Gott, im März 1938 war ich sechseinhalb. Und damit fängt das Bewusstsein von Ausgegrenztsein an und das Krisenbewusstsein. Ich habe Wien als eine judenfeindliche Stadt erlebt, als eine Stadt, wo man nie sicher war. Als eine Stadt, aus der man heraus wollte. Als eine Stadt, in der sich die Menschen vor ihren Mitmenschen, ihren Mitbürgern gefürchtet haben. Eine zutiefst unfreundliche, feindselige Stadt, in der immer mehr verboten wurde, sodass man – statt in eine erweiterte Welt hineinzuwachsen – eine Welt erfuhr, die immer mehr zusammengeschrumpft ist und

wo dann eigentlich keine Zuflucht mehr war. Außer bei Büchern.

R.S.
Ihr Satz »Ich komm' nicht von Auschwitz her, ich stamm' aus Wien«, der sagt ja auch noch mehr. Er sagt etwas darüber aus, wie Menschen, die den Holocaust oder die Schoa erlebt haben, bis heute in erster Linie damit identifiziert werden. Man nimmt ihnen auch ein Stück Identität, etwas von dem, was vorher war. Sind Sie damit einverstanden?

R.K.
Nein, damit bin ich nicht einverstanden. Und dagegen wehre ich mich. Das ist natürlich ein Stück meines Lebens, aber es ist bei Weitem nicht so wichtig wie viele andere Dinge, die vorher kamen – obwohl vorher so wenig war, so waren sie doch die ersten sechs, sieben Jahre. Und ich muss an Freuds statt ja nicht wiederholen oder ausbreiten, dass das die wichtigsten sind – in mancher Beziehung jedenfalls die wichtigsten. Und nachher kam noch vieles, das gut und schön und aufregend war und das auch enorm wichtig war. Aber eine einschneidende Epoche in meinem Leben waren eben diese Hitlerjahre. Und sie sind für

viele andere natürlich interessant. Diese zwölf Jahre Hitler werden ja nicht umsonst immer wieder ausgegraben, aufgemöbelt, diskutiert, im Fernsehen gezeigt. Sie sind einfach – wie immer man sie behandeln will – interessant, nicht? Und darum habe ich eben ein Buch geschrieben, in dem ich meine eigenen Erinnerungen an diese Zeit in den Mittelpunkt stelle.

R.S.
Es muss ja für jemanden wie Sie dann auch sehr ambivalent sein, in diese Stadt Wien jetzt zurückzukommen, in der momentanen politischen Situation. Wie empfinden Sie es, wenn Sie heute nach Wien kommen?

R.K.
Ja – also ich komme direkt aus Amerika nach Wien. In den letzten Wochen habe ich in der *New York Times* – die ich abonniere, obwohl ich in Kalifornien wohne – immer wieder über Österreich gelesen, das hat es so überhaupt noch nicht gegeben. Spaltenweise. Wochenlang. Österreich plötzlich im Mittelpunkt. Übrigens eine gute Reportage, also nicht irgendwie so geartet, dass man sich aufregen müsste und sagen würde: »überzogen«. Es ist einfach so, dass das Ausland, und jetzt rech-

ne ich eben Amerika dazu, weil ich ja von dort her komme ... dass sich das Ausland Sorgen macht; und das Gefühl da ist, dass in Österreich die Demokratie augenfällig brüchig geworden ist. Und dagegen sollte man sich nicht einfach verschanzen und sich verteidigen und sagen: »So schlimm is es ja gar net« – das höre ich also jetzt überall: »So schlimm is es gar net, und das Ausland macht immer G'schichten, nur weil wir klein sind und uns alles gefallen lassen müssen. Und da hat's schon den Glykol-Skandal gegeben, als ob die anderen nicht auch Wein panschen, und aufg'regt hat man sich, wie der Hrdlicka den Biermann angefetzt hat« ... Ich kann Ihnen nur sagen: Die *New York Times* hat nichts über die Weinpanscherei geschrieben und diese Ausrutscher eines rappelköpfigen genialen Bildhauers sind auch nicht nach Amerika gedrungen. Das ist alles unwichtig gewesen. Und das, was jetzt hier vorgeht, wird als wichtig empfunden. Und ich würde vorschlagen, dass man sich da doch Gedanken macht, ob man in Österreich vielleicht den Wald vor lauter Bäumen nicht sieht, weil man in den Einzelheiten bemerkt, dass das Ausland sich nicht gut auskennt, was sicher der Fall sein dürfte. Aber ob man sich nicht überlegen sollte, dass man im Ausland einen weiteren Blick hat und wirklich etwas bemerkt, das nicht stimmt, vielleicht im demokratischen System an und für sich eine Gefahr darstellt. Die natürlich auch auf andere Länder übergreifen könnte. Also dass diese Reaktion aus dem Ausland nicht per se österreichfeindlich ist, sondern eine gerechte Sorge darstellt. Und dann würde ich dazu sagen: Das, was den besten Eindruck macht, das sind die Demonstrationen. Schon deshalb – um da vielleicht etwas zynisch zu sein –, weil sie sich so gut fotografieren lassen. Das sieht man dann im Fernsehen, man schaut sich die Gesichter an, man versucht die Sätze auf den Transparenten zu lesen. Und das kommt sowohl in den Zeitungen wie im Fernsehen und macht, wie gesagt, einen guten Eindruck. Hat auch auf mich einen guten Eindruck gemacht, weil es doch wirklich ein Fortschritt zu '38 ist, wo es solche Demonstrationen nicht gegeben hat.

R.S.
Sie haben gesagt: Mit der Demokratie oder dem demokratischen Bewusstsein stimmt etwas nicht in Österreich. Was genau, Ihrer Meinung nach, stimmt nicht? Und wo könnten Sie auch die Verbindung zu dem ziehen, was Sie 1938 zwar als Kind – aber doch auch als Erwachsene reflek-

tierend – erlebt haben, als Sie noch hier gelebt haben?

R.K.
Ja, also da habe ich mich natürlich mit Politik nicht ausgekannt. Aber was nicht stimmt und was scheinbar seit Jahren nicht gestimmt hat – und das höre ich von allen Seiten –, ist, dass die Parteien es sich zu bequem gemacht haben. Und wenn sie es sich zu bequem machen, dann ist das ja auch keine richtige Demokratie. Also dass die Demokratie schon vorher brüchig geworden ist, weil das Leistungsprinzip nicht so hochgehalten wurde, wie es sollte. Und dass man da eben eine Öffnung für nichtdemokratische Elemente geschaffen hat, ja. Das kann natürlich auch anderswo passieren, das ist klar. Auch in Amerika haben wir rechte Gruppen, die manchmal Einfluss haben auf die großen Parteien, manchmal viel zu viel Einfluss haben. Sie sitzen nicht in der Regierung, nicht? Aber auch dort macht man sich Sorgen darüber, mit Recht macht man sich Sorgen. Und hier hat man sich vielleicht nicht genug Sorgen gemacht.

R.S.
Ein Stichwort, das Sie in Ihren Büchern immer wieder verwenden, ist »Aufarbeitung der Vergangenheit«. Haben Sie denn das Gefühl, von allem, was Sie gesagt haben, und vor allem, was Sie erlebt haben – und Sie kommen ja jetzt schon viele Jahre immer wieder nach Wien –, haben Sie das Gefühl, dass vielleicht auch da in der Aufarbeitung, in dem Sich-Bewusst-Machen, etwas passiert ist, strukturell, nicht punktuell, dass da etwas schiefgelaufen ist? Denn Sie schreiben zum Beispiel, Sie waren nach dem Krieg dann in Straubing – nachdem Sie aus dem KZ geflohen sind, kamen Sie nach Straubing in Bayern –, und da schreiben Sie dann, dass der Antisemitismus weiter gebrodelt habe wie ein Ragout in einem guten Kochtopf, der auf der Herdflamme stehen bleibt und weiter vor sich hin brodelt.

R.K.
… diese weiblichen Metaphern, wenn sie mir einfallen, da freue ich mich jedes Mal. Naja, also es ist ja schiefgelaufen … und Bearbeiten der Vergangenheit, das sind ja diese beiden Reizwörter, haben Sie da erwähnt. Es ist nämlich so, wenn ich ehrlich sein soll und will – und das will ich im Moment –, dass es mir ja selber nicht gelungen

ist, nicht wahr? Bei mir ist ja auch etwas schiefgelaufen. Ich kann nicht sagen, ich habe die Vergangenheit wirklich aufgearbeitet, und ich werde sie nie richtig aufarbeiten. Das heißt, ich verstehe, warum etwas schiefläuft. Ich kann mich da nicht aufplustern und sagen: »Warum habt ihr nicht dieses und jenes gemacht?« Obwohl – wenn ein KZ-Arzt dann erst in seinen Achtzigern vor Gericht kommt und eine sehr schöne Karriere in der Nachkriegszeit hinter sich hat, so denke ich mir schon: Ja, das hätte eigentlich schon früher stattfinden können. Aber gleichzeitig ist das ja ein Grund, warum ich ganz gerne immer wieder nach Wien komme, dass ich das Gefühl habe, ich habe hier »unfinished business«, dass mir da von den Pflastersteinen am Stephansplatz etwas Unerledigtes entgegenatmet, um es so auszudrücken. Und ich glaube: Jetzt, wo ich 68 geworden bin, das wird sich nicht ändern. Ich werde es im Leben nicht mehr aufarbeiten. Ich werde im Leben nicht zurande kommen mit diesen Erinnerungen. Aber ich habe das Gefühl, ich muss da immer wieder dran herumwerkeln.

R.S.
Was ist das genau?

R.K.
Naja, die Aufarbeitung! Das Bewusstsein irgendwie zu ändern, dass es nicht mehr so brodelt mit dieser Mischung von Nostalgie und Ressentiment und dem Gefühl, man hätte es anders machen können, und was wäre man geworden, wenn man rechtzeitig ausgewandert wäre; und alle diese Fragen, die ja total umsonst sind, die überhaupt nichts bringen, aber die man trotzdem nicht loswird. Die versuche ich eben da irgendwie auf eine Schiene zu bringen – habe ich auch versucht, als ich dieses Buch geschrieben habe, oder auch wenn ich anderes schreibe. Es gelingt mir nicht. Ich weiß jetzt, es wird mir nie gelingen. Aber es erzeugt, wenn ich in diese Stadt komme, eine gewisse Spannung, die vielleicht produktiv ist. Das letzte Mal, als ich hier war, habe ich angefangen, wieder Verse zu schreiben, und das tue ich so in unregelmäßigen Abständen, und habe sie die »Wiener Neurosen« genannt. Und vielleicht gelingt es mir in den nächsten Tagen, noch ein oder zwei Gedichte – wenn man das so nennen kann – zu schreiben. Also es handelt immer von dieser Spannung. An und für sich denke ich: Spannung ist eine ganz gute Sache. Und das wünsche ich mir eben auch für die Österreicher, ich wünsche es den Österreichern und den Wienern, in einer

solchen Spannung zu leben und es sich nicht bequem zu machen. Wir haben gerade vorher gesagt: Ein Grund, warum hier die Demokratie vielleicht brüchig geworden ist – hoffentlich nicht, aber es schaut halt so aus –, ist eben, dass man es sich zu gemütlich eingerichtet hat. Und das ist immer suspekt.

R.S.
Sie waren erst kürzlich hier in Wien beim Herzl-Symposion – und es gibt ja viele Veranstaltungen dieser Art, die im Moment in Wien stattfinden. Oder auch nicht, weil zum Beispiel Menschen aus Israel oder auch aus Amerika, entweder jüdischer Herkunft oder nichtjüdischer Herkunft, sagen: Nach Österreich kommen wir im Moment nicht. Ich habe das Gefühl bei Ihnen, dass Sie eine etwas andere Einstellung dazu haben.

R.K.
Ja, wie gesagt, ich meine, ich gehöre ja irgendwie hierher … ich gehöre eigentlich nicht hierher, ich nehme das sofort zurück, nachdem ich es gesagt habe, aber es stimmt und es stimmt nicht. Wien ist die einzige Stadt in der Welt, der einzige Ort in der Welt, wo die Leut' so reden wie ich, obwohl man mir sagt: Wie ich spreche, ist ein Schön-

brunner Deutsch oder etwas ganz Altmodisches. Immerhin – in Göttingen, wo ich im Moment eine Gastprofessur habe, da reden die Leute anders und bilden sich ein, nur sie können Deutsch. Während, wenn ich hierher komme, habe ich das Gefühl, hier wird das differenzierteste Deutsch gesprochen, das es überhaupt gibt. Und ich freu' mich! Also ich freue mich an der Sprache, auch wenn sie gemein und irgendwie hinterfotzig ist, das ist noch immer irgendwie ... etwas, das nuancenreicher ist, irgendwie intelligenter als das Deutsch, das anderswo herkommt. Und um das zu belegen, könnte ich sofort sagen, dass, im nachkriegsdeutschen Sprachraum, die Österreicher mehr zur Literatur beigetragen haben als irgendein vergleichbarer Landstrich. Die Österreicher haben überdurchschnittlich viel zur reichen deutschen Literatur beigetragen, nicht?
Ich war gestern im Volkstheater und habe den »Weltverbesserer« von Thomas Bernhard gesehen und war ganz entzückt. War auch entzückt davon, dass das Theater so voll war, dass die Leute einem doch vielleicht nicht ganz leichten, zutiefst ironischen Stück so aufmerksam zugehört haben, und hatte eben das Gefühl: Die können Deutsch! Ich bin Germanistin; ich habe mich zwar lange Zeit ungern mit dem Deutschen abgegeben, bin

aber dann dazu zurückgekommen und habe auch hier ein gespanntes Verhältnis, aber doch im Grund ein sehr positives Verhältnis zu meiner Muttersprache. Und dieser letzte Satz beantwortet vielleicht auch einige der Fragen, die Sie vorher gestellt haben.

R.S.
Sie haben in Ihrer Autobiografie geschrieben: »Ich kann, wie gesagt, nicht umhin, mir alles Gereimte zu merken.« Und Sie erzählen, dass Sie, wo immer Sie waren – bei den Appellen in Auschwitz oder in Birkenau oder in Christianstadt –, dass Sie dort bei den Appellen in der Nacht, um vier, wenn es kalt war, Ihre Verse zitiert haben.

R.K.
Ja, man kann sagen, das ist so eine Masche bei mir – Gedichte bleiben stecken. Und so wie andere Leute ihr Mantra vor sich hersagen, kann ich immer wieder Verse zitieren. Als ich keine Bücher hatte, hab' ich eben diese Verse im Kopf gehabt. Ich merke mir wirklich sehr leicht Gedichte, sowohl in deutscher wie in englischer Sprache. Das ist so ein Tresor, den man mit sich herumträgt, mit dem man immer wieder etwas anfangen kann. Ich bin an sich unmusikalisch. Das, was andere

Leute von der Musik haben, das habe ich von gebundener Sprache.

R.S.
Wenn man das jetzt zurückführt an den Anfang: Sie haben gesagt, Wien sei der Ort, wo Sie sprechen und lesen gelernt haben…

R.K.
… und ich konnte ja dann nicht mehr in die Parks gehen, nicht in den Prater, ich konnte überhaupt nirgends hingehen als jüdisches Kind. Das war eine richtige Verarmung des Lebens. Und ich habe Balladen von Schiller auswendig gelernt und Gedichte von Uhland und alles, was mir so in die Hände gefallen ist. Alles, was sich auswendig lernen ließ, habe ich auswendig gelernt. Und das war keine schlechte Sache! Es war eine merkwürdige Sache für ein Kind, das eher herumtollen und toben sollte, aber das hat viele schwere und auch langweilige Stunden überbrückt.

R.S.
Wäre es zu viel zu sagen, dass Literatur einem vielleicht auch in manchen Situationen das Überleben erleichtert?

R.K.
Das ist nicht zu viel. Das ist … in vielen Situationen ermöglicht es geradezu das Überleben. Also natürlich nicht in dem Sinn: »Überleben« im strikten Sinn – wenn man dich umbringt, so nützt es dir nichts, dass du das »Lied von der Glocke« auswendig kannst, nicht? Das hilft dann überhaupt nicht. Aber es hilft, die Vernunft nicht ins Gleiten zu bringen. Das ist eine Art Eskapismus, aber eben Eskapismus nicht in die Niederungen, sondern in eine Form der Überhöhung. Also wenn du beim Appell stehst und es ist dir kalt und es dauert weiß Gott noch wie lang oder es ist dir heiß – wie's grad kommt –, es dauert lang, du weißt nicht, wann das aufhört, und du hast das Gefühl, jetzt fällst du gleich um, und du bemitleidest dich … wenn du dir einfach dann die Zeit vertreibst auf eine Weise, die nichts mit dem Appell zu tun hat, dann hast du dich befreit.

R.S.
Sie erzählen in Ihrem Buch die Stationen. Zunächst Wien in den ersten Jahren Ihres Lebens, die sehr stark gekennzeichnet waren durch Ihren Vater, aber auch durch Ihre Mutter. Interessanterweise erzählen Sie nicht, wie Sie eigentlich von

Wien weggekommen sind. Plötzlich findet man sich wieder in Theresienstadt. Da geht's dann weiter: Theresienstadt, Birkenau, Christianstadt, Ihre Flucht und Ihr Leben im Deutschland der Nachkriegszeit und danach die Ausreise nach Amerika und New York.

R.K.
Ich habe gar keine so genauen Erinnerungen daran, an das Wegkommen von Wien. Man hat es erwartet, nicht? Wir sind mit einem der letzten Transporte weg. Wir waren bis '42 hier. Es waren dann immer weniger Juden da. Meine Mutter hat in einem jüdischen Spital gearbeitet und wir sind dann mit diesem Spitaltransport weg. Das hat man wochenlang so erwartet. Und dann war man in einem Zug, das war ein Personenzug übrigens, ein überfüllter Personenzug, aber das war keine entsetzliche Reise, es war halt eine Reise. Und dann war man in Theresienstadt. Also es hätte sich nicht gelohnt, da viel über diesen Übergang zu schreiben.

R.S.
In Theresienstadt selber haben Sie einige Erlebnisse gehabt. Eines davon möchte ich herausgreifen: Sie haben den deutschen liberalen Rabbiner

Leo Baeck [1873–1956] getroffen, der auf dem Dachboden den Kindern Geschichten erzählt hat. Also auch hier wieder die Sprache, das literarische Element. – Leo Baeck, der ja ein großer Denker und ein großer Erzähler und Prediger war …

R.K.
… berühmter Berliner Rabbiner, der diese Zeit überlebt hat und dann noch sehr aktiv war, danach. Der war natürlich eine riesige Respektsperson. Ich kann nicht sagen, ich habe ihn getroffen. Ich habe ihm zugehört. Und er war sehr gut. Er hat sich Kindern gegenüber sehr gut ausdrücken können. Und er hat dann eigentlich so ein bisschen Religionsunterricht gemacht. Dieser Vortrag von Leo Baeck über die Erschaffung der Welt in sieben Tagen, was mehr bedeuten kann als sieben Tage, weil für Gott sind tausend Jahre wie ein Tag, das war wohl der erste – wenn ich so sagen darf, in Anführungsstrichen – »wissenschaftliche« Vortrag, den ich gehört habe. Und den habe ich noch dazu verstanden. Das war total aufregend, das war einfach gut. Und ich habe mir gedacht: Gott, solche Dinge gibt es! Jetzt werd' ich noch etwas vom Leben haben, es wird voll sein von solchen intellektuellen Erlebnissen. Also »intellektu-

ell« habe ich mir nicht gedacht, nicht? Aber »von solchen stimulierenden Ereignissen«.

R.S.
Trotzdem ist es ja so, dass Sie auch immer wieder schreiben, Sie hätten Ihren Glauben – wenn es denn jemals einen gab – verloren. Nicht gefunden. Nicht wiedergefunden. Nicht gesucht.

R.K.
Ich glaube nicht, dass das mit den KZs zu tun hat. Denn ich habe dann schon noch einige Zeit lang doch auf einer ... wie soll man sagen, einer höheren Ebene geglaubt, dass es so etwas wie den Gott gibt. Der sich nicht unbedingt in die Angelegenheiten der Menschen einmischt. Oder das übliche theologische Argument, dass der Mensch ja nicht die Freiheit haben kann und gleichzeitig Gott das Böse verbietet.
Es ist eher so, dass mir der Glaube abhanden gekommen ist. So wie einem Mann die Haare ausfallen und eines Tages hat er eine Glatze und hat eigentlich nichts dazu getan. Ich bin dann Agnostiker ... und ich bin eigentlich jetzt Atheistin. Ich seh' nicht ein, warum ich an einen Gott glauben soll. Es ist nicht da. Auch wenn ich möchte – es ist weg.

Aber wissen Sie, wenn man sich mit Literatur abgibt, so hängt man ja sehr lange an der Religion. Denn viele der schönsten Gedichte, die es gibt, sind religiöse Gedichte. Die gefallen mir immer noch. Aber vielleicht doch ein bisschen weniger als früher.

R.S.
Gleichzeitig schreiben Sie auch wiederum in Ihrem Buch, dass Sie eigentlich erst im KZ zur Jüdin geworden wären.

R.K.
Eine von mehreren möglichen Antworten auf die Frage: Wieso bin ich Jüdin, wenn ich doch an nichts Religiöses glaube? Eine von mehreren Antworten ist, dass ich eben in Theresienstadt von jungen Juden sozialisiert worden bin. Aber ganz stimmt's nicht, denn ich habe natürlich schon in Wien durch den Antisemitismus die Erfahrung gemacht, dass ich Jüdin bin. Möchte aber nicht sagen – wie manche Juden es tun –, dass ich Jüdin nur deshalb bin, weil es den Antisemitismus gibt. Da ist doch vieles drin, das ganz positiv ist. Und ich sehe das nach wie vor in der Tradition, aus der ich stamme, aus einer liberalen, aufgeklärten jüdischen Tradition, die sich von Moses Mendels-

sohn ableitet und eben bis in unsere Zeit reicht. Das ist im Grund mein Judentum.

R.S.
Wenn Sie Ihre liberale Herkunft ansprechen – vielleicht können wir noch einmal zurückgehen zu Ihrer Familie. Ihr Vater ist vor Ihnen aus Wien weggefahren, er wollte flüchten …

R.K.
Musste! Er hat nur 48 Stunden gehabt oder 72 Stunden oder was immer es war …

R.S.
Ihr Vater war Arzt hier in Wien. Sie haben im 7. Bezirk gewohnt. Und Sie haben Ihren Vater nicht wiedergesehen. Sie haben einen Großteil Ihrer Familie nicht wiedergesehen. Sie hatten einen Halbbruder in Prag, den haben Sie ebenfalls nicht wiedergesehen. Sie und Ihre Mutter sind gemeinsam in den diversen KZs gewesen und dann, nach dem Krieg, nach Amerika ausgewandert. Wie kann man dieses fehlende Familienbild wieder zusammensetzen? Wie machen Sie das für sich?

R.K.
Man kann es nicht. Da kommen wir wieder auf Wien zu sprechen. Also wenn ich hier herumlaufe, dann habe ich immer das Gefühl: Das ist meine Vaterstadt. Ich kenne mich ja schlecht aus in Wien und ich lauf' manchmal mit dem Stadtplan herum und steh' dann an einer Ecke und denke: Wie geh' ich jetzt? Und dann habe ich plötzlich das Gefühl, er steht hinter mir und sagt: »Wie kannst du nur so blöd sein, die Herrengasse ist rechts und du schaust nach links.« Das ist diese Verbindung, die ich zu Wien habe – dieser Vater, den ich nicht gekannt habe. Denn mit sechs weiß man einfach nicht genug, um einen Menschen beurteilen zu können. Ich frag' dann immer wieder, alle möglichen Leute habe ich gefragt: Was war das denn für ein Mensch? Und niemand erklärt es dir richtig. Ein Grund dafür ist wahrscheinlich, dass die meisten Leute nicht wissen, wie man ein Bild von einem anderen Menschen malt. Dazu muss man Talent haben. Das ist mir so aufgefallen. Ich habe einmal den Martin Walser, mit dem ich einigermaßen befreundet bin – also den kenne ich seit sehr langer Zeit –, den habe ich gefragt: Was war die Ingeborg Bachmann für ein Mensch? Und er hat mir in zehn Minuten ein Bild von der Ingeborg Bachmann gegeben. Er

konnte es, er ist ein Schriftsteller. Ich habe mir gedacht: Mein Gott, niemand, der meinen Vater kannte, hat mir so viel so anschaulich, so plastisch berichten können, was das für ein Mensch war.

R.S.
Sie haben gesagt, man kann das Familienbild nicht wieder zusammensetzen?

R.K.
Man kann es nicht zusammensetzen. Und ich lauf' hier herum und versuche, es mir zusammenzusetzen. Das kommt immer wieder. Ich meine – nicht, dass ich hierher komme und mir denke: Jetzt werde ich mehr über meinen Vater herausfinden. Der spukt hier. Das Gespenst von Wien ist zum Teil das Gespenst meines Vaters. Den ich nicht gekannt habe. Oder nicht genug gekannt habe, sodass ich ihn nie loswerde. Und nicht genügend gekannt habe, um zufrieden zu sein.

R.S.
Sie schreiben in Ihrem Buch: Da, wo es keine Gräber gibt, da gibt es auch keine Trauerarbeit. Und da leben diese Gespenster eben weiter. Das heißt: Für Ihre Generation, die das erlebt hat und auch erlebt hat, dass es eben keine Gräber gibt –

für keinen von denen, die umgekommen sind –, wird es immer diese Gespensterwelt geben?

R.K.
Ja, wissen Sie, ich glaube jetzt mehr und mehr, dass das eigentlich für ganz Europa der Fall war, dass diese für Ihre Generation wohl schon merkwürdige Verdrängung, die nach dem Krieg stattgefunden hat, damit zu tun hat, dass es eben zu viele Tote gab. Zu viele Tote ohne Gräber also im weitesten Sinn und dass man mit dieser Katastrophe überhaupt nichts anfangen konnte. Und dass man sie dann so als Gespenster hier herumspuken ließ – und dafür noch immer zahlt.

R.S.
Wobei Sie ja auch sagen, Frau Klüger, dass die Verdrängung auf beiden Seiten passiert ist. Normalerweise sagt man, die Deutschen und die Österreicher hätten alles verdrängt.

R.K.
Die ganze Welt hat verdrängt!

R.S.
Und es ist ein durchaus bekanntes Phänomen, dass zum Beispiel gerade in Israel die Eltern, die

in KZs waren, mit ihren Kindern nicht über ihre Erlebnisse sprechen und dass zum Beispiel die Shoah Foundation* von Steven Spielberg einiges gerettet hat an Erinnerungen, die die Erwachsenen ihren Kindern nicht mitteilen wollten – entweder um sie nicht zu belasten oder um selbst dem zu entkommen und das Leben neu aufzubauen. Und das beschreiben Sie auch. In Amerika hat man nicht Deutsch gesprochen, man hat nicht mehr von jener Zeit geredet. Und Ihre Tante, die damals schon in Amerika war, hat zu Ihnen gesagt: Du musst das abwischen wie mit einem Schwamm von der Tafel; setz' dich damit nicht auseinander! Und Ihr Protest war: Aber das ist doch meine Kindheit!

R.K.
Das ist mein Leben, ja. Ja, genau. Aber ich meine – ich habe meinen Kindern auch nicht viel erzählt. Die Sache ist aber die, wissen Sie: Man kann's den Kindern nicht recht machen, sage ich Ihnen, die Sie jetzt zu der Generation meiner Kinder gehören. Denn es gab natürlich auch viele Überlebende, die überhaupt nicht aufgehört ha-

---

* USC Shoah Foundation Institute for Visual History and Education, vorher unter dem Namen Survivors of the Shoah Visual History Foundation.

ben, davon zu reden. Und ihre Kinder beschweren sich bitter darüber. Aber das ist natürlich auch eine Art, die Sache nicht zu bewältigen. Wenn man nicht aufhört, davon zu reden. Also das richtige Gleichgewicht dafür zu finden ist enorm schwierig. Ich weiß nicht, wie man das macht. Also ich habe meinen Kindern wahrscheinlich zu wenig erzählt, aber ich hielt es für besser, als ihnen zu viel zu erzählen. Ich habe ihnen diese Fluchtgeschichte erzählt, nicht wahr. Und sie sind dann stolz in die Schule gegangen und haben gesagt: Meine Mutter ist aus einem deutschen Gefangenenlager entflohen. Die Kinder, die an Fernsehsendungen über Kriegsgefangene gewöhnt waren, haben sie ausgelacht und haben gesagt: Deine Mutter? Wenn du das von deinem Vater sagst, glauben wir es, aber wieso deine Mutter? Aus einem Gefangenenlager? Und sie kamen dann zerknickt zurück und haben gesagt: Hast du die Wahrheit gesagt? Und ich habe gesagt: Das ist absolut richtig! Ihr müsst euch da nicht schämen, das gesagt zu haben. Aber wie gesagt: Man hat da das Positive berichtet, das, wo Action war, nicht? Und das war wahrscheinlich doch irgendwie richtig. Aber es ist schon wahr, dass die Kinder nachher gesagt haben: Nie hast du uns etwas erzählt.

R.S.
Etwas, das Sie als Begriff aufgeworfen haben – Sie haben geschrieben: »Es sollte nicht heißen Prinzip Hoffnung, sondern es sollte heißen Prinzip Angst.«
Und gleichzeitig sagen Sie jetzt zu mir, man hat die positiven Dinge erzählt. Also etwas, wo ja die Hoffnung sich sozusagen verwirklicht hat. Das Positive, wo das Leben weiterging.

R.K.
Naja, ich meine – der Optimismus war für die kleinen Kinder gemeint, nicht für Erwachsene. Für Kinder, die das noch nicht verarbeiten können. Für Erwachsene denke ich schon, dass man sich da Gedanken machen soll, wie weit Hoffnung geht und wie weit nicht. Ich zitiere in dem Buch diesen sehr wichtigen polnischen Autor Tadeusz Borowski, der meiner Ansicht nach ganz richtig sagt: Die Hoffnung macht einen untätig, weil man nichts riskiert, weil man Angst hat ums Leben. Wenn man aber ganz hoffnungslos ist, dann könnte man ja eher etwas riskieren und Widerstand leisten. Hoffnung kann untätig machen.

R.S.
Eine moralische Lehranstalt sei Auschwitz nicht gewesen, keines dieser Lager, sagen Sie. Aus der heutigen Sicht wird oft erwartet, dass Menschen, die im KZ waren, die das erlebt haben, dass diese Menschen moralisch höher stehen. Das ist ja auch oft ein Vorwurf, der zum Beispiel dem Staat Israel gemacht wird: Wie können denn Leute, die so etwas erlebt haben, heute mit den Palästinensern so umgehen? Sie sagen: Nein, das ist nicht so. Das KZ ist kein Ort, wo man eine moralische Ausbildung erhält.

R.K.
Natürlich nicht! Die Konzentrationslager waren zu absolut nichts gut. Da gibt es keine zwei Seiten – man sagt immer, jede Sache hat zwei Seiten. Es gibt nur eine Seite für die KZs. Sie waren ein Graus und sie hätten nicht existieren sollen. Punkt. Nichts anderes. Das Problem wird vielleicht etwas schwieriger, wenn man sagt, dass alle Menschen etwas lernen können vom Leiden. Das ist ja auch so ein religiöser Standpunkt. Dazu würde ich sagen: Man kann schon etwas vom Leiden lernen, aber nur dann, wenn es gerade noch bewältigt werden kann. Und was jeder einzelne Mensch bewältigen kann, das hängt vom Hinter-

grund des Einzelnen ab, von der Kraft des Einzelnen. Auf keinen Fall soll man die Leute schinden, nur damit sie besser werden. Das funktioniert nicht, das ist doch reiner Sadismus. Das wissen wir doch auch in der Kindererziehung jetzt schon langsam, nicht?

R.S.
Denn das wäre der Umkehrschluss, nicht?

R.K.
Das wäre der Umkehrschluss, ja. Dass man anderen Leiden zufügen soll, damit sie etwas lernen. Das steht dahinter, wenn man Kinder schlägt. Aber zu den KZs gibt es auch andere Ansichten! Primo Levi hat gesagt, das sei seine Universität gewesen. Aber da stimme ich überhaupt nicht mit ihm überein. Primo Levi ist ein Schriftsteller, den ich hoch verehre. Aber er hat eben als Erwachsener ein Jahr in Auschwitz verbracht, war ein fertiger Mann und ging zurück in eine Welt, die zwar nicht gerade heil geblieben war, aber er konnte sich wieder einreihen in das, was er vorher gewesen war, Chemiker, und er hat sogar wieder in seinem Elternhaus gewohnt. Und für ihn mag es so gewesen sein, dass er da einfach etwas dazugelernt hat. Für unsereins war das eher so, dass

wir in einer zerstörten Welt aufgewachsen sind. Sicher haben wir auch – ich meine: wir Kinder, sicher haben wir im KZ auch etwas gelernt, einfach weil man ja nicht Jahre durchleben kann, ohne etwas zu lernen. Aber wissen Sie, ich würde meine rechte Hand darum geben, eine andere Kindheit gehabt zu haben, noch immer. Ich hätte anderswo mehr gelernt. Und Besseres. Die eigentlichen Opfer sind ja nicht unsereiner – wir haben's ja überlebt, nicht? Die eigentlichen Opfer sind die sechs Millionen Toten. Und da kann überhaupt keine Frage sein – das ist das Entsetzliche an der Schoa: Nicht, dass ich drei Jahre in Lagern verbracht habe. Sondern dass mein Bruder nicht überlebt hat.

R.S.
Diese Gedenkstätten, die überall errichtet werden; die KZs, die als Erinnerungsstätten bewahrt werden – ob das jetzt Auschwitz ist, ob das Mauthausen ist oder ob das Dachau ist. Was halten Sie denn davon, als jemand, die an diesen Orten war? Ich nehme an, dass Sie nichts dorthin zurückzieht.

R.K.
Nein, es zieht mich überhaupt nichts dorthin zurück! Keine zehn Pferde bringen mich dorthin zurück. Dort war ich schon einmal, und das Museum habe ich nicht nötig. Also mich zieht nichts zurück. Aber viele Leute, also Überlebende, gehen zurück in diese Lager und haben wohl das Gefühl, dass sie da irgendetwas aufarbeiten. Ich verstehe das nicht ganz. Aber andererseits – nach dem, was ich Ihnen über das Magnetfeld Wien gesagt habe, sollte ich's vielleicht doch ein bisschen verstehen. Das Problem mit diesen Gedenkstätten ist, dass man dort die falschen Gefühle haben kann. Also einerseits, dass man dort hingeht und sentimental wird – mit sentimental meine ich, dass man nicht sosehr an die Opfer denkt, sondern die eigenen Gefühle im Spiegel der eigenen Selbstachtung sieht. Also dass man sich denkt: Hier habe ich jetzt gerade eine Träne vergossen – das bedeutet doch, dass ich ein guter Mensch bin. Das ist das eine. Das andere, was ich in diesem Buch überhaupt nicht sage, weil es ein bisschen zu krass ist, ist, dass ich den Verdacht habe, man könnte dort hingehen und sich mit den Tätern identifizieren. Denn es ist leichter, sich mit Tätern zu identifizieren als mit Opfern. Die Täter sind interessanter ... also um wieder dieses

moralisch neutrale Wort zu verwenden: Sie sind einfach interessanter. Das, was schwierig daran ist mit diesen Gedenkstätten, ist, dass sie eben nicht unbedingt zum Denken einladen, sondern einem schon eine Deutung aufoktroyieren. Also wenn ich normalerweise in ein Museum komme, irgendein Museum, so kann ich meine eigenen Meinungen formen und mir denken: »Also dieser Tizian gefällt mir überhaupt nicht, jetzt geh' ich einmal weiter und freu' mich an dem Breughel«, nicht? Das KZ-Museum, die KZ-Gedenkstätte erlaubt dir das nicht. Die besteht darauf, dass du gewisse Gefühle und Gedanken hast und keine anderen. Dagegen wehrt sich der Mensch. Oder jedenfalls viele Leute wehren sich dagegen. Die besten von diesen KZ-Museen sind natürlich die, die Anstöße zum Denken geben. Das ist Yad Vashem in Jerusalem. Und auch das Holocaust-Museum in Washington. Obwohl auch da, meinem Gefühl nach, einiger Kitsch installiert ist, und zwar ist es genau da, wo man denkt, dass sich das Nachdenken erübrigt. Also ich finde das besonders in Räumen, die von Kindern handeln. Wo man eigentlich nichts fühlen sollte als Sympathie, und da hat man dann oft das Gefühl, das gleitet in Sentimentalität ab. Also wie gesagt – dass man sich seiner eigenen Sensibilität erfreut.

R.S.
Es gab ja nach dem Krieg, vielleicht im Rahmen dieses Verdrängungsprozesses, auch die Ansicht, man könne jetzt nicht mehr Literatur schreiben oder man könne nicht mehr Theologie betreiben wie vor Auschwitz. Sie zitieren auch Adorno, der sogar gemeint hat, Prosa über, von und nach Auschwitz wäre nicht mehr möglich.

R.K.
Gedichte. Er hat das zwar sehr kompakt ausgedrückt, dass es nach Auschwitz keine Gedichte … er hat's nicht ganz so gemeint. Er hat wahrscheinlich doch eher gemeint: *über* Auschwitz keine Gedichte. Man kann nicht weiter buddeln mit der Kunst, wie man's vorher getan hat. Und er hat im Grund ein Problem aufgeworfen, das man anders formulieren kann als das Problem der Ästhetisierung der KZs oder der Ästhetisierung des Horrors oder der Ästhetisierung des extremen Leidens. Und ich habe mich dagegen gewehrt, nicht? Ich zitiere ihn da in dem Buch und sage: Er redet davon, dass man keine Gedichte nach Auschwitz schreiben darf, aber er hat Gedichte nie so nötig gehabt wie ich. Denn ich habe – wie wir ja schon sagten –, wo immer ich war, Gedichte auswendig gelernt und auswendig gelernte Gedichte vor

mich hingemurmelt. Und habe immer, mein ganzes Leben lang, eigentlich jetzt noch immer, viel Kraft aus Literatur und gerade aus Lyrik geschöpft. Manchmal habe ich das Gefühl, wenn ich in der Früh aufwache, eigentlich lohnt es sich aufzustehen, weil es das Gedicht »Patmos« von Hölderlin gibt, um es spezifisch auszudrücken.

Aber das Problem selber ist schon echt. Es ist das Problem des Eskapismus. Ob man aus der Konfrontierung mit dem Elend der Geschichte in die sanierten Bereiche der Kunst flüchten soll. Brecht hat das ja in seinem berühmten Gedicht »An die Nachgeborenen« so ausgedrückt: Was sind das für Zeiten, wo ein Gedicht über Bäume fast ein Verbrechen ist? Und weiterhin, weil es eben so viel ausschließt, weil man über andere Dinge sprechen soll als über die Schönheit der Natur. Und meine Antwort darauf ist: Gerade zu solchen Zeiten hat man eine solche Flucht besonders nötig. Und worauf es ankommt, ist, wohin man flieht. Ob man in die Freiheit flieht oder in die Lüge. Wenn man in die Lüge flüchtet, dann flüchtet man in den Kitsch. Dann macht man sich etwas vor.

Aber wenn man einen anderen Standpunkt einnehmen kann, also wenn man, sagen wir, um noch einmal auf diese Appellgeschichte zurückzukommen, während des Appells sich durch Gedichte wachruft, dass es auch schönere Orte gibt, dass es also eine Natur gibt, die nicht so ausschaut wie dieser Appellplatz und diese menschliche Wüste, in der man sich befindet, dann hat man doch etwas erreicht. Dann hat man sich doch als geistig funktionierender Mensch bewiesen. Und das wäre die Funktion von Kunst in diesen Situationen und ist es wohl auch immer.

R.S.
Frau Klüger, Sie sind nach dem Krieg nach Amerika ausgewandert und haben erst dort eine Ausbildung zur Bibliothekarin gemacht. Später dann, nach der Trennung von Ihrem Mann, als Alleinerzieherin mit zwei kleinen Söhnen, haben Sie angefangen, sich doch noch an der Universität zu betätigen, haben Ihr Doktorat gemacht und sind Germanistin geworden und Professorin für Germanistik und Literatur. Ein Thema, mit dem Sie sich viel beschäftigt haben, ist das Thema Frauen. Sie haben 1996 ein Buch herausgegeben, das heißt »Frauen lesen anders«, in dem Sie doch sehr herausfordernde Theorien darüber aufstellen, wie sich die Rezeption von Literatur, der Umgang mit Sprache und Literatur, geschlechtsspezifisch unterscheidet.

R.K.
Naja, ich finde, dass jeder Mensch anders von jedem Menschen liest, also dass es mit den objektiven Kriterien nie ganz hinhaut. Dass es nie ganz klappt. Dass man eigentlich vom Normativen reden kann, aber dass es sich nie ganz ausgeht, es sich nie ganz anwenden lässt auf einzelne Kunstwerke, weil wir eben alle aus einem gewissen Kontext heraus lesen. Das Offensichtlichste ist natürlich, dass wir Bücher aus einer anderen Kultur ganz anders lesen als die Einheimischen. Ein japanischer Roman kommt uns exotisch vor. Den Japanern nicht. Innerhalb derselben Kultur sind die Unterschiede geringer, aber sie sind nach wie vor, auch in der westlichen Kultur, zwischen Männern und Frauen besonders stark zu beobachten. Denn wir werden nach wie vor anders erzogen. Da haben wir andere Interessen, wir lesen anders, wir schauen uns die Figuren anders an. Und ich finde, das sollte man nicht ignorieren. Frauen lernen zwar lesen wie Männer. Also in der Schule lernen wir das, weil ja die meiste Literatur von Männern geschrieben ist, aber wir lesen's noch immer unterschiedlich. Und wenn man Bücher von Frauen liest, dann muss man diesen Sprung nicht machen, man muss sich nicht hineinversetzen in das, was Männer gedacht haben.

R.S.
Gibt es einen Konnex zwischen Ihrer jetzigen Beschäftigung mit den geschlechtsspezifischen Rezeptionsmustern im Bezug auf die Literatur und Ihrer Herkunft?

R.K.
Von meiner Lebensgeschichte her bin ich irgendwie dazu verurteilt worden, die Außenseiterin zu sein. Und dann noch natürlich als Einwanderin in Amerika. Ich war immer irgendwie so ein bisschen Außenseiterin. Ich bin dann zur Germanistik gekommen und habe damit angefangen, mich so auf das Mittelalter zu stürzen. Mag Ihnen merkwürdig vorkommen. Ich habe auch jahrelang Mittelhochdeutsch unterrichtet, denn das war vom modernen Deutschen so weit weg, wie's nur sein konnte. Ich wollte mich sogar darauf spezialisieren, aber dann habe ich mir eingebildet, ich muss die ganzen Kirchenväter lesen. Was nicht der Fall ist, aber jedenfalls bin ich dann ein bisschen weiter gegangen und habe über das barocke Epigramm, bitteschön, promoviert. Also auch nicht gerade das Modernste oder das, was mir am nächsten gelegen wäre. Und bin dann so nach und nach immer weiter vorgerückt, habe mich lange bei Lessing und Kleist aufgehalten, und

dann erst später habe ich mich ein bisschen auf jüdische Themen konzentriert und dann auch auf diese Frage der Frauen.

Als ich angefangen habe, also damals in den frühen 60er Jahren, '61, '62 – ich habe dann sehr schnell promoviert, denn ich hatte schon eine Ausbildung in englischer Literatur –, da war die Diskriminierung gegen Frauen noch in vollem Gang, das war also vor der Frauenbewegung, und da war es völlig gang und gäbe, dass man einer Frau gesagt hat: Naja, wir haben zwar diese Stelle frei, aber wenn wir einen Mann finden, so kriegt's natürlich der Mann. Oder auch dass den Männern für dieselbe Stelle mehr gezahlt wurde als den Frauen, mit der Ausrede, dass die Männer ja Familien zu versorgen hätten, wo dann natürlich die absurde Situation entstand, dass Junggesellen, die auf der gleichen Stufe waren wie ich, mehr bezahlt bekommen haben als ich – ich als die, die zwei Kinder gehabt hat.

Das hat sich dann in den fortschreitenden 60er Jahren schlagartig geändert. Und plötzlich waren Frauen gefragt. Und ich hatte da schon promoviert und hatte eine Stelle und es ist überhaupt keine Frage, dass ich von der Frauenbewegung profitiert habe.

R.S.
Und das hat auch Ihren Blick verändert? Oder war der Blick immer da?

R.K.
Das hat meinen Blick schon verändert! Natürlich hat man dann vieles viel klarer gesehen, was man früher einfach so hingenommen hatte. Man war früher viel bescheidener. Man ist aufsässiger geworden. Man hat nicht mehr eingesehen, warum man denn den Männern den Kaffee servieren muss, wenn sie ihn genauso gut machen können – also das jetzt auch sowohl im engeren wie im metaphorischen Sinn gemeint. Und man hat mehr darauf bestanden, dass man gleichberechtigt behandelt wird.

R.S.
Wenn wir noch einmal zurückkommen auf die Literatur: Sie haben erzählt, dass Sie von klein auf Schiller und Goethe und Lessing und ich weiß nicht was Sie alles auswendig gelernt haben – das waren männliche Schriftsteller. Welche waren denn die, die Sie so durch Ihr Leben begleitet haben? Was waren denn so die Hauptschriftstellerinnen, Schriftsteller?

R.K.
Ich bin noch so erzogen worden, dass es die Dichter und nicht die Dichterinnen waren. Und da muss ich noch hinzufügen, damit man sieht, wie das damals war: Ich bin in New York in ein Frauencollege gegangen, Hunter College in New York. Das war für Mädchen, und da waren auch viele Professorinnen – das hat sehr gut getan, denn da habe ich Frauen als Vorbilder gehabt, das habe ich später dringendst gebraucht, mich daran zu erinnern, was für gute Lehrerinnen das waren; aber die haben uns auch nicht mit den großen englischen Schriftstellerinnen und Dichterinnen vertraut gemacht. Also da kam kaum Emily Dickinson vor, die jetzt ja als die zweite große Dichterin im amerikanischen 19. Jahrhundert gewertet wird. Der andere ist Walt Whitman. Also Dickinson und Whitman, das sind die großen Lyriker. Und Dickinson ist mir sehr nah, worüber ich mich immer, immer noch wundere, denn sie hat dieses Altjungfernleben in Neuengland geführt, im 19. Jahrhundert – also weiter weg von mir kann es überhaupt nicht sein. Aber diese Erfahrungen der Innerlichkeit und der Einsamkeit und Sprachgewandtheit, mit Humor und Ironie vermischt, das ist ungeheuer ansprechend! Also das wäre eine Dichterin, aber sonst ... sonst unter

den englischen Dichtern sind das die Leute, die man erwarten würde; vielleicht da jetzt enttäuschend wirkender William Butler Yates, der irische Dichter. Shakespeare, die Sonette – ich mag die Sonette von Shakespeare ungeheuer. Da kann ich auch viele auswendig. Und im Deutschen, was einen so begleitet hat – wir sprachen schon von Schillers Balladen, die habe ich nie verloren. Die halte ich für ausgesprochen schlechte Gedichte. Aber darauf bin ich erst sehr spät gekommen und sie liegen mir noch immer am Herzen, weil sie zu einer gewissen Zeit so brauchbar waren. Weil man sie so aufsagen konnte, nicht? Sie haben auch irgendwie mein Sprachgefühl geprägt. Und dann Heinrich Heine, mit dem man sich so leicht identifizieren konnte, weil er ein so starkes, aber gebrochenes Verhältnis zum Judentum hatte.

R.S.
Heine ist ja ein Thema, das sich auch für mich bei Ihnen wiederfindet. Bei Heine ist es das Thema der Freiheit, das Außerhalb-Stehen, es ist der schräge Blick auf etwas, es ist das klare Ansprechen von etwas, das auf der Hand liegt, das aber vielleicht so nicht angesprochen »gehört«, weil es ungeschriebene Gesetze gibt. Also Heine war ja

auch durchaus jemand, der die Hand biss, die ihn fütterte – was ja später auch sein Schicksal war. Denn er hat es nie zu einer guten Anstellung oder zu einer sicheren Existenz gebracht. Das wollte er zwar gerne, aber er hat es nie geschafft. Ist das Thema Freiheit für Sie eine Verbindung?

R.K.
Es ist ja nicht nur Freiheit, es ist auch das gebrochene Verhältnis zum Deutschen, das sehr stark da ist. Die Enttäuschung, dass er als Jude, auch als getaufter Jude, nicht ankam.
Wissen Sie, es ist noch etwas mit dem späten Heine, das mich enorm anspricht: die Gefangenschaft seiner Krankheit. Dass er jahrelang in diesem Bett gelegen ist, das er seine »Matratzengruft« nannte, völlig bewusst, also geistig total auf der Höhe – er hat viele seiner besten Gedichte damals geschrieben; und dass es ausweglos war. Also wie er mit der Ausweglosigkeit seiner Situation umgegangen ist – das ist vorbildlich für mich.

R.S.
In welcher Weise?

R.K.
Ironisch. Mit einem Gefühl für seine eigene Liebe zu gewissen Menschen und seinem Hass zu anderen Menschen. Er schockiert immer wieder, weil er diesem Hass Ausdruck verleiht. Aber ich halte das für Ehrlichkeit. Heine gleitet eben nicht in den Kitsch ab, dass er sich besser macht, als er ist, oder als er weiß, was er ist. Da ist eine Klarheit in diesen letzten Sachen, die er gemacht hat, die ihn für mich auf eine ganz hohe ethische Ebene stellen. Gerade dort, wo viele, die ihn – meiner Ansicht nach – eben oberflächlich oder konventionell lesen, glauben, das ist ein unmoralischer Mensch, der sich der höheren Werte nicht bewusst ist.

R.S.
Dazu fällt mir ein, dass man Ihnen eigentlich auch immer mit sehr viel Unverständnis entgegengekommen ist. Sie beschreiben in Ihrer Autobiografie immer wieder, dass man Ihnen nicht geglaubt habe, Ihre Sicht der Dinge, Ihre Interpretation der Dinge. Bis hin zu einem Freund, diesem Christoph, den Sie dort zitieren, mit dem Sie bis heute immer wieder in Auseinandersetzungen sind, ob Ihre Sicht stimmt oder nicht.

R.K.
Ich habe ihn schon erwähnt, das ist Martin Walser. Den ich eigentlich nicht nennen wollte in dem Buch, denn ich wollte da kein »name-dropping« veranstalten, er war ja berühmt, als ich das schrieb. Aber er hat sich selber sofort dazu bekannt, also darum kann man es sagen. Und er ist nach wie vor für mich – das lässt sich ja hier wohl auch sagen – der problematische Deutsche. Also meine Situation zu Deutschland ist irgendwie auch verkörpert in diesem Spannungsverhältnis zu Martin Walser, mit dem ich sehr, sehr oft nicht übereinstimme.

R.S.
Ich möchte noch einmal zurückkommen auf das Thema Frauen und Literatur. Sie stellen fest, dass die Helden in der Literatur immer die Männer sind. Und dass die Rolle der Frauen in der Literatur, also bis zu einem gewissen Zeitpunkt in der Literaturgeschichte, eigentlich entweder die der Dienenden war – der dummen Magd oder der Köchin oder …

R.K.
… das Machtweib, verführtes Mädchen…

R.S.
… oder das ganz weit entfernte, das zu verherrlichende, zarte Wesen, um das sich dann zwei Männerfiguren streiten. Ist denn der Weg anzustreben, dass Frauen Heldinnen der Literatur werden sollen? Ist das der Weg, den Sie meinen?

R.K.
Naja, darauf gibt es mehrere Antworten. Das Erste, was ich sagen möchte – und das geht zurück auf das, was wir schon besprochen haben –, ist, dass man mir meine eigenen Abenteuer sozusagen abgestritten hat. Ließ sich dann am besten beobachten, als man meinen Kindern nicht geglaubt hat, dass ich aus einem Lager entflohen bin. Frauen haben keine Abenteuer. Oder haben keine Abenteuer zu haben. Aber natürlich wollen kleine Mädchen, wie Pippi Langstrumpf, genauso gut Abenteuer haben wie alle anderen Kinder, also wie auch die Buben. Und in dem Sinn möchte man schon Heldinnen haben. Also Menschen, die sich für eine Sache eingesetzt haben, mit der man auch konform gehen kann. Frauen, die etwas Neues bewirkt haben.

R.S.
Ich sag' jetzt einmal: Ruth Klüger hat ein unübliches Frauenleben gelebt. Erst einmal Ihre Kindheit, die Sie »überlebt« haben, dann die Auswanderung in die USA, danach waren Sie ganz kurz verheiratet, Scheidung. Dann haben Sie als Alleinerzieherin eine ziemliche Karriere gemacht, trotz allem. Und Sie leben immer noch ein unübliches Frauenleben. Und dann ist mir etwas aufgefallen in Ihrer Autobiografie, wo Sie auf Ruth anspielen. Und Sie heißen ja Ruth. Die Geschichte der Ruth in der Bibel ist die, dass sie ihre Schwiegermutter Naomi nicht verlässt und ihr folgt, wo immer sie hingeht. Und für mich ist das so, als wäre das ein Symbol, Ihr Symbol für ein frei gewähltes Frauenleben.

R.K.
Einerseits würde ich sagen: ein ungewöhnliches Frauenleben, aber auch ein paradigmatisches Frauenleben. Denn es steckt so ziemlich alles drin, was Frauen in diesem Jahrhundert erlebt haben. Ich meine, Frauen als Kriegsopfer sind wahrlich nichts Ungewöhnliches, nicht? Als extremes Opfer betrachte ich mich ja nicht, ich habe ja die Lager überlebt. Und der Horror der Schoa – das muss man noch einmal wiederholen – sind die

Toten. Nicht diejenigen, die es durchgestanden haben.
Naja, und dass man Kinder gehabt hat und dass man auch einen Beruf gehabt hat, das ist ja eigentlich alles, wie gesagt, vielleicht ein nicht sehr häufiges, aber doch ein exemplarisches, paradigmatisches Frauenleben.
Den Namen Ruth hatte ich als zweiten Namen. Ich wurde als kleines Kind Susi genannt. Ich hatte auch den Namen Susanna. Und als die Deutschen eingezogen sind und ich angefangen habe, mich auf eine kindische, naive Weise als jüdisch zu konstituieren, wollte ich eben diesen jüdischen Namen haben, weil ich mir eingebildet habe, Susanna ist kein biblischer Name – ich wusste damals nicht, dass es doch ein biblischer Name ist. Und dann habe ich später also diese Geschichte gelesen, und das ist eine ganz wunderbare Geschichte schon erstens – und ganz abgesehen von Frauen – dadurch, dass sie ja als Heldin eine Moabiterin hat, also eine Ausländerin; eine Ausländerin, die sich bewährt. Es ist also ein Buch gegen den Chauvinismus. Und ist ganz bestimmt auch von dem Schreiber so geplant gewesen. Am Ende dieses Buches wird der Schwiegermutter von Ruth, der Naomi, gesagt: Diese Schwiegertochter ist besser als sieben Söhne. Also ein höheres Lob

gibt es ja überhaupt nicht! Das ist ein ganz treuer Mensch, nicht? Aber das andere, das hinzukommt, ist, dass es eben die Geschichte einer Freundschaft zwischen zwei Frauen ist, einer älteren und einer jüngeren. Die Jüngere, nachdem der Mann gestorben ist, verlässt alles, was sie hat, und zieht mit der Älteren in deren Heimat und hat da wunderschöne Worte zu sagen, die oft umfunktioniert und – wenn man so sagen darf – zweckentfremdet werden, indem man sie einer Frau in den Mund legt, die einem Mann sagt: Lass' mich nicht zurück, ich will nicht zurückbleiben, das Versprechen, der Schwur: »Dein Gott soll mein Gott sein und dein Volk mein Volk.« Das ist ein Treueschwur zwischen den zwei Frauen. Es ist die Aussage einer Freundschaft, einer Frauenfreundschaft. Und das berührt mich enorm. Ich weiß kein anderes Werk, wo das so deutlich ist, und kein Werk, wo es so früh und so exemplarisch ist. Ich mag meinen Namen aus diesem Grund, nach wie vor. Ich habe ihn mir mit sechs Jahren richtig ausgewählt. Manchmal funktioniert es ja doch. Manchmal hat man Glück.

R.S.
Ruth Klüger, Sie beschreiben sich selbst als einen ungeduldigen, zerfahrenen Menschen; »eine, die

leicht was fallen lässt – mit oder ohne Absicht –, auch Zerbrechliches – Geschirr und Liebschaften; nirgendwo lange tätig. Eine, die sich auf die Flucht begibt, nicht erst, wenn sie Gefahr wittert, sondern schon, wenn sie nervös wird. Denn Flucht war das Schönste damals, und immer noch«. Ist das immer noch die Ruth Klüger?

R.K.
Naja, irgendwie ist es schon der Fall. Also ausziehen möchte ich nicht mehr; ich bin 68 geworden, und es ist umständlich auszuziehen. Aber ich habe immerhin zwei Wohnungen, eine in Göttingen und eine in Kalifornien. Also hin und her lauf' ich noch immer – oder fliege ich noch immer. Aber vor allem ist es ja nicht sosehr eine Frage des Orts, des Ortswechsels – obwohl Ortswechsel auch hilft –, als eine gewisse Unstetigkeit, die ich schon habe. Wissen Sie, man sieht das ja auch an diesen Essays, die schreib' ich, indem ich von einem zum anderen hüpfe. Und ich schreibe keine dicken Bücher über einen Autor – obwohl es mehrere Autoren gibt, wo ich mir immer gedacht habe, über den müsste ich ein dickes Buch schreiben. Aber ich tu's nicht, ich komme dann wieder zu einem anderen Essay. Ich lese so wild

herum und gehe auch von einer Periode zur anderen.
Ich sag' das jetzt alles selbstkritisch, das ist nicht unbedingt gut, aber das macht so mein Leben aus. Es ist geistige Flucht, ebenso wie dieser Ortswechsel. Und ich habe ja mehrmals meine Lebensumstände geändert. Und das ist mir gemäß. Wenn ich es auch manchmal, wie gesagt, kritisch sehe – es ist das, was mein Lebensgefühl ausmacht. Also ganz, ganz werde ich das nie loswerden.

R.S.
Ruth Klüger, ich danke Ihnen für dieses Gespräch.

Renata Schmidtkunz, geboren 1964, studierte evangelische Theologie und Publizistik, ehe sie 1990 zum ORF (Fernsehen und Hörfunk) kam. Dort arbeitet sie als Filmemacherin, Redakteurin und Moderatorin.

Renata Schmidtkunz
Im Gespräch | Peter Ustinov
Im Gespräch mit Renata Schmidtkunz lässt Peter Ustinov auf sehr unterhaltsame und berührende Weise sein vielfältiges Künstlerleben Revue passieren. Er spricht über seine Herkunftsfamilie, die Verantwortung des weltberühmten Künstlers und über sein Engagement als Unterstützer von Menschenrechtsorganisationen.
60 S., GEBUNDEN, EURO 15,00 ISBN 978-3-85476-283-6

Hilde Schmölzer
Das Böse Wien der Sechziger
Gespräche und Fotos
Es war eine revolutionäre Kunst, eine wütende Kunst, die sich aus den Frustrationen der fünfziger Jahre speiste. Ein zorniger Rundumschlag, der sich gegen alles Etablierte, Bürgerliche, Satte, richtete. In Wien fand dieser Aufbruch vor allem in der Kunst statt. Die Gespräche, die Hilde Schmölzer damals führte, und ihre Fotos stammen aus den Jahren 1964 bis 1972.
224 S., GEBUNDEN, EURO 29,90 ISBN 978-3-85476-285-0

Julia Kospach
Letzte Dinge – Ilse Aichinger und Friederike Mayröcker: Zwei Gespräche über den Tod
Mit Assemblagen von Daniel Spoerri
Die intensive Beschäftigung mit dem Thema Tod ist beiden Dichterinnen gemeinsam – allerdings könnten ihre Haltungen dazu nicht unterschiedlicher sein. Für Friederike Mayröcker ist der Tod ein »Zerbrecher und Zerstörer«, für Ilse Aichinger ist es der Zustand, den sie sich ersehnt, weil sie ihre »Existenz für vollkommen unnötig« hält.
56 S., JAPANISCHE BINDUNG, EURO 19,90 ISBN 978-3-85476-280-5